L⁸ K.633

I

TABLEAU HISTORIQUE

DE

LA PROVINCE D'ORAN.

1792—1831.

Extrait des Mémoires de l'Académie Royale de Metz,
année 1841-1842.

TABLEAU HISTORIQUE

DE

LA PROVINCE D'ORAN,

DEPUIS

LE DÉPART DES ESPAGNOLS, EN 1792,

JUSQU'A L'ÉLÉVATION D'ABD-EL-KADER, EN 1831.

PAR M. LAPÈNE,

Lieutenant-colonel d'artillerie, membre de l'Académie royale de Metz.

METZ.

S. LAMORT, IMPRIMEUR DE L'ACADÉMIE.

—

1842.

AVANT-PROPOS.

La province de l'Ouest, ou d'Oran, dans nos possessions d'Afrique, fixe depuis plusieurs années, surtout depuis la rupture du traité de Tafna avec Abd-el-Kader, les regards, l'attention et l'intérêt. Cette province est le berceau de l'émir et le principal théâtre de sa puissance et de ses faits de guerre. C'est là qu'il a commencé, humble et obscur; qu'il est devenu puissant et fort. C'est dans l'Ouest que se frappent en ce moment les coups les plus décisifs, et que ce pouvoir sur les Arabes, ayant pour auxiliaire la ruse, au besoin la cruauté, toujours le fanatisme, aura, tout le fait espérer, bientôt un terme.

Avant qu'il soit possible de réunir, en un tableau complet, les événements politiques et militaires qui auront amené ces éclatants résultats, voici un fragment historique qui embrasse une période de 40 ans, peu connue, depuis le départ des Espagnols d'Oran, en 1792, jusqu'à l'élévation d'Abd-el-Kader. L'assiette et les conséquences de la domination turque, implantée depuis quatre siècles au sein d'une population indocile, y sont nettement exposées ; et plus d'un rapprochement avec ce qui arrive aujourd'hui, ou ce qu'il serait opportun d'essayer, peut être fait.

Les Turcs, Maures ou Arabes n'ont point d'annales, et très-peu se mêlent réellement d'écrire. C'est donc par la mémoire des survivants, ou par des récits dont les peuples orientaux sont avides, et qui se propagent de génération en génération, avec une fixité et une sûreté remarquables, que les faits des temps passés sont connus et recueillis. Telles sont et l'origine de ce fragment et les sources où l'auteur a dû puiser. Celui-ci s'est attaché à conserver, autant que possible, dans son récit, le ton et la couleur qui conviennent à cette origine.

Quelques lacunes qu'il eût été fort difficile de remplir exactement loin de l'Afrique, l'ont été en consultant le livre plein de raison et de faits, ayant pour titre : *De la Domination turque dans l'ancienne régence d'Alger*, par M. Walsin-Esterhazy, capitaine d'artillerie (Paris, 1841). Ce savant officier avait même examiné le récit, alors manuscrit, à Oran, dans les premiers jours de 1839 ; et l'auteur attache à ce suffrage une importance méritée.

TABLEAU HISTORIQUE DE LA PROVINCE D'ORAN,

DEPUIS 1792 JUSQU'EN 1831.

Ce fut une nuit bien sinistre que celle du 9 octobre 1790, dans cette ville d'insouciance, de désœuvrement et de plaisir, occupée par les Espagnols, sur la rive africaine, et qu'ils appelaient la Petite-Cour (Corte Chica). Le sommeil fut terrible; pour le plus grand nombre, le réveil fut plus terrible encore; ce réveil c'était l'éternité. A minuit précis, eut lieu à Oran, le 9 octobre 1790, la première secousse d'un horrible tremblement de terre. Cette secousse fut suivie de vingt et une autres, et la dernière, la plus forte, fut telle qu'on put à peine se tenir debout. Toutes les constructions un peu vieilles furent renversées, et dans ce nombre les fortifications du Château-Vieux, les plus anciennes et les moins bien établies. Mais les édifices plus modernes, sur la rive droite du ravin qui partage en ce moment Oran en deux villes, résistèrent.

Sur une population tant militaire que civile de 7 000 âmes, non compris 5 000 galériens, plus des deux tiers, suivant les uns, plus exactement la moitié, c'est-à-dire 3 500 ou 4 000 individus, furent ensevelis sous les décombres. Dans une caserne située à la Vieille-Casbah (Vieux-Château), vingt hommes seulement, sur un régiment entier, s'étant placés par instinct de conservation sous les arceaux des portes et des croisées, échappèrent à la catastrophe. Le gouverneur qui résidait dans ce quartier, et le général commandant les troupes, furent du nombre des morts. L'hôpital était renversé ; on ne trouva d'autre abri pour mettre les malades en sûreté que les magasins indestructibles, taillés dans le roc, le long du quai de débarquement.

Plus des deux tiers de la ville avaient été détruits. Ce qui restait de la population, abandonnant des ruines infectes et misérables, reçut ordre de venir camper sur le terrain, alors libre, qui s'étend du Château-Neuf, ou Nouvelle-Casbah, au fort Saint-André. Là des tentes et des abris en planches furent dressés, pour recevoir les soldats et la faible portion d'habitants qui survivaient à l'horrible catastrophe.

La situation parut favorable au bey de Mascara, Mohammed, pour se rapprocher d'Oran, tenter un coup de main et compléter la destruction des Espagnols. Mais, arrivé sous les murs, le chef musulman aperçut de nombreuses voiles en rade devant Mers-el-Kébir, et même dans les eaux d'Oran et au mouillage de la ville. C'étaient des renforts d'hommes et de provisions pour remplacer les pertes récentes. Rien en apparence n'était donc changé dans l'attitude et les ressources des Espagnols. Mohammed, après des démonstrations assez sérieuses contre la place, et après avoir tenu la campagne pendant un mois, rebuté bientôt par la saison des pluies, rentra à Mascara. Il reparut au mois de mai. L'hiver, à la fin de la campagne, l'ayant ramené une seconde fois à Mascara, il se montra encore au mois de mars de l'année suivante.

Deux ans s'étaient passés de la sorte. Enfin, en 1792, le roi d'Espagne, engagé dans la guerre générale contre la France, trouvant dans l'occupation isolée d'Oran et de Mers-el-Kébir un lourd fardeau que n'allégeait aucune compensation, conclut une convention avec le dey d'Alger. Oran devait être évacué par les Espagnols et ensuite occupé pacifiquement par les gens du bey. Ces conditions furent exactement remplies. Au lieu de laisser les Espagnols détruire les fortifications comme ils l'entendaient d'abord, il fut résolu qu'ils s'éloigneraient sans rien dégrader et sans indemnité, en emportant les canons en bronze, laissant les autres, mais enlevant les approvisionnements de toute espèce. Les troupes et les habitants d'origine espagnole furent transportés à Carthagène; le corps de déserteurs indigènes, et quelques musulmans réfugiés durent être débarqués à Ceuta. Il fut même permis à ces derniers, avec garantie et respect pour les faits antérieurs, de rester dans la ville. Cette rentrée solennelle dans Oran, célébrée dans toute la régence par des fêtes et des réjouissances, eut lieu le *premier jour de la mosquée* du neuvième mois (Chaban), l'an 1206 de l'hégire (*a*).

Là finit une longue occupation de plus de trois siècles. Pris le 17 mai 1509, par le cardinal Ximénès et aux frais de ce grand ministre, dit-on, ressaisi par les Maures pendant que l'Espagne éprouvait tous les embarras de la guerre de la succession, repris par le comte de Montémart le 1er juillet 1732, Oran retournait décidément aux indigènes, ses anciens possesseurs. Plus exactement, elle retombait sous le joug des Turcs, appelés, à l'époque de l'invasion espagnole, comme simples auxiliaires des Maures dégénérés; mais devenus bientôt pour ceux-ci des maîtres absolus et des despotes cruels.

Pendant cette double période d'occupation, depuis la dernière conquête surtout, les rapports des Espagnols avec les tribus d'alentour étaient restés à peu près nuls. Alors même que les relations de nation à nation, à Alger, se maintenaient amicales, il y avait peine de mort, autour d'Oran, contre tout arabe qui correspondait, à un titre quelconque, avec les étrangers. L'éloignement entre ces rivaux était si puissant, la crainte des représailles si vive, qu'un voyageur français, Desfontaines, ayant atteint la basse plaine qui s'étend jusqu'aux montagnes d'Oran, curieux de passer près de la ville pour en reconnaître la situation, ne put trouver, à aucun prix, des guides qui consentissent à l'accompagner.

Il y avait néanmoins des déserteurs de part et d'autre. Ceux des tribus accouraient fournir des renseignements vrais ou faux. Le prix de leur trahison était payé cinq douros d'Espagne (25 francs). Ces hommes, sous le titre de *Maures de paix,* passant à la solde du roi d'Espagne, formaient une compagnie d'éclaireurs, au nombre de cent cinquante ou deux cents cavaliers. On les lançait quelquefois dans la campagne pour faire des esclaves, pour acheter ou plutôt pour voler des denrées. Anciennement, quand les indigènes réussissaient à en prendre, ils se bornaient à leur couper les bras et les jambes, et appelaient cela de l'indulgence. Plus tard, ils les mirent à mort. A leur tour les Arabes allumaient des feux pendant la nuit pour attirer les déserteurs de la ville. Chaque chrétien leur était payé 10 francs seulement par le bey de Mascara.

A cette misérable réciprocité d'infamie se bornaient les relations du dedans au dehors. Les Espagnols ne tiraient rien de l'intérieur du pays. Tous leurs approvisionnements, même la viande, venaient du littoral espagnol opposé, par les ports d'Alméria et de Carthagène. Aussi les Arabes n'avaient point de marché en ville, et tout se bornait à la vente faite, par les déserteurs, de quelques bœufs, moutons ou chevaux volés, et toujours livrés à vil prix. Les gens du dehors n'étaient admis dans l'intérieur d'Oran que les yeux bandés, quand ils apportaient des lettres. La garnison ne s'écartait pas hors de la portée de canon ; c'était le caractère exclusif de la simple occupation réduite au littoral, à laquelle les projets de quelques gens voudraient nous ramener. Ainsi, des travaux prodigieux, des communications souterraines, de magnifiques magasins voûtés, d'autres magasin taillés dans le roc, des casernes, trois églises, un théâtre sous le nom de Colysée ; tous ces monuments d'utilité publique ou d'embellissement, étaient dans le simple but de favoriser un lieu de déportation.

Mohammed fixa sa résidence à Oran. Montrant des vues plus étendues que la plupart de ses co-religionnaires, ce bey réclama du chef espagnol un homme de chaque profession pour rester en ville et y exercer son industrie, en lui assurant aide et protection. Cette demande fut agréée et la condition exactement tenue par lui. Mais les successeurs de Mohammed n'offraient plus les mêmes garanties. Bientôt, pour ces pacifiques industriels, Oran ne fut plus une patrie, mais une terre étrangère. Ils réalisèrent peu à peu leurs ressources et rentrèrent successivement en Espagne. Un seul se fixa définitivement à Oran, revêtu de la charge de joaillier du bey. Son fils lui succéda. Les français le trouvèrent dans la ville où il réside encore. Cette tradition vivante du temps passé est le sieur Domingo Gaillardo, exerçant toujours sa première profession et officier de la milice urbaine. C'est de lui que l'on tient les récits qui précèdent. Sa mémoire les lui rappelle encore tels que sa jeune imagination les recueillit aux jours de son enfance ; et ce n'est pas sans effroi, après tant d'années, qu'il raconte la ruine des Espagnols et la première cause de leur départ d'Oran.

Les nouveaux possesseurs s'empressèrent de démolir les constructions qui durent coûter tant de peines à leurs devanciers. Plusieurs ouvrages furent même détruits sur l'ordre exprès du pacha d'Alger, qui envoya sur les lieux un agent chargé de faire sauter, sous ses propres yeux, les pièces de fortifications désignées par le maître.

Le but du pacha était d'empêcher que la propriété d'une ville forte, comme Oran, ne donnât au bey, son vassal, quelque velléité d'indépendance. Les pierres d'appareil, livrées ou vendues au public, servirent pour les constructions particulières. Ce fut, en général, un grand élan pour détruire ou pour dénaturer tout ce qui existait. Il fallait changer ces demeures faites pour la civilisation, en maisons de boue, en galeries étroites, ne prenant jour que dans l'intérieur, et destinées à un autre ordre de choses, de mœurs et d'idées. Quant aux fortifications désignées pour être détruites, ce furent les forts Raz-el-Aïn, San-Fernando, Saint-Philippe, Santa-Cruz, et quelques ouvrages dépendant des autres forts.

Afin de repeupler sans délai sa capitale, le nouveau chef fit un appel aux populations maures des autres points de la province. Il appela aussi à Oran des Juifs de Nedroma, Mascara, Tlemcen, Mostaganem, dans le but de raviver le commerce. Ceux-ci, toujours prêts quand il y a à prendre ou à gagner, accoururent de tous côtés. Il leur concéda du terrain entre le Château-Neuf et Saint-André, avec la condition de construire suivant les prescriptions d'assiette et d'alignement données. Le retard, après un certain temps, à remplir ces conditions, entraînait déchéance. Voilà l'origine du quartier supérieur à Oran, en général assez bien bâti, qui compose la nouvelle ville sur le plateau, à la droite du ravin. Là sont encore réunis tous les Juifs. Quant aux Maures proprement dits, les premiers arrivés s'établirent dans la vieille ville. Ils relevèrent, à grands frais, les maisons que le tremblement de terre avait renversées, et qui ne présentaient alors qu'un amas de décombres.

Le bey Mohammed ne borna pas là ses utiles projets. On lui doit la belle mosquée au minaret si élégant, appelée par nous *Grande-Mosquée*, par les Maures

Mosquée du Pacha. Il commença, dans la ville basse, la construction de la mosquée *de la Place*, réunie aujourd'hui aux bâtiments somptueux qui composent le grand hôpital d'Oran. Déjà, comme kalifat* du précédent bey de Mascara, et revêtu lui-même depuis 1784 de cette dignité, Mohammed s'était montré habile politique, et sage administrateur. On loua surtout les mesures qu'il prit pour atténuer les maux résultant d'une grande famine en 1786. Huit ans plus tard, en 1794, il dut se garantir de la peste qui assaillit Oran, et qui avait été apportée par des pélerins venus de la Mecque. Son fils, du nom d'Osman, en fut atteint et périt ; les Maures, pour ce motif, appelèrent ce fléau peste d'Osman. Mohammed, en fidèle musulman, y vit le doigt de Dieu ; soumis à ce jugement, sans rien faire de plus, il sortit de la ville avec toute sa maison, et alla camper dans la plaine de Meletta. Il y resta trois mois, puis rentra à Oran, mais seulement lorsque la colère de Dieu fut apaisée, c'est-à-dire quand le fléau eut disparu.

Les hautes qualités de Mohammed lui valurent le surnom de Grand (Kébir) et l'envie du pacha ou dey d'Alger. Celui-ci, afin de réaliser ses projets sinistres, profita de la visite que son vassal était tenu de lui faire tous les trois ans, pour lui rendre hommage, lui offrir des présents et acquitter le tribut [Denouch (*b*)]. Il reçut Mohammed avec l'apparence d'une haute distinction et l'invita à une fête donnée en son honneur, à la fontaine Aïn-Arbet, près d'Alger, où il lui fit verser du poison. Mahommed n'en mourut pas sur-le-champ, mais il emporta le germe de la mort et expira en retournant à Oran, dans la tribu de Sbihheu (Sbeha des cartes), où on lui éleva un tombeau qui existe encore. Ainsi périt un homme qui

---

* Les Arabes prononcent *gralifat*. D'habitude nous écrivons et prononçons *calife*. La vraie signification est *vicaire*.

avait le tort irrémissible, auprès de ce pouvoir soupçonneux, tyrannique, de montrer quelques vertus et de conduire à terme de grandes choses.

Il eut pour successeur le plus jeune de ses fils, Osman-ben-Mohammed, c'est-à-dire fils de Mohammed (*c*) el-Aouwer (le Borgne). Le fait le plus important sous ce bey fut sa présence, avec une petite armée composée de cinquante tentes turques (1150 hommes) et tous les cavaliers formant le magzen *, devant Aïn-Mahdi. Le dessein d'Osman était d'enlever le *saint* marabout Tedjeni, dont le crédit religieux lui portait ombrage. Il arriva sans combat devant la ville qui lui ouvrit ses portes. Mais Tedjeni avait fui dans le désert. Aïn-Mahdi fut frappée d'une contribution de 17 000 rials-boudjous (30 600 fr.), et dut fournir en surplus une immense quantité de bernous, haïcks et autres vêtements de prix. La contribution payée, le bey retourna à Oran après cette excursion dont le but principal était manqué ; car le *saint* fugitif rentra aussitôt dans sa ville et y fut reçu aux acclamations de tous.

Osman quitta la résidence ordinaire des beys, au Château-Neuf, pour aller s'établir à l'autre extrémité de la ville, à la Vieille-Casbah. Il fit restaurer cet ouvrage et l'arma d'artillerie, afin d'être plus à l'écart et plus libre de se livrer à ses débauches. Il entreprit aussi quelques réparations au fort élevé de Santa-Cruz. Mais, sur l'ordre du pacha, qui craignait que cet audacieux vassal ne s'en servît pour lui opposer quelque résistance, il suspendit ses travaux et fit démolir ce qu'il avait commencé.

Méprisé des habitants, ou las du pouvoir, Osman traita bientôt après avec un armateur anglais qui devait venir

---

* Les indigènes prononcent *Magrzen*. Voyez note (*d*), la composition de cette milice et son intervention directe et efficace sous les Turcs.

l'enlever secrètement, ainsi que ses trésors, ses femmes, ses enfants et les objets les plus précieux composant son domaine ou celui de l'état. Instruits du projet, les chefs de la milice et les principaux habitants, se saisirent de sa personne et l'envoyèrent au pacha, chargé de chaînes. Celui-ci se contenta d'exiler Osman à Belida.

On suppose que pour s'en débarrasser sans scandale, après deux ans, le pacha le nomma bey de la province de Constantine, mais en lui suscitant aussitôt un rival. C'était un sujet révolté, un *dercaouï* (e), se disant marabout, du nom de Ben-Arach, homme rusé et en crédit, qui avait fait fortune en Egypte par suite des troubles causés par la présence des français. L'ordre du dey (Mustapha-Pacha) en cette occurence était d'un effrayant laconisme : « Ta tête ou celle de Ben-Arach, » lui écrivait-il. Les deux rivaux se rencontrèrent et un combat s'engagea. Osman fut battu, et son armée détruite. Pris par Ben-Arach, il eut la tête tranchée ; mais, en réalité, le pacha n'avait obtenu qu'une demi-satisfaction et sa joie ne fut pas complète.

Mustapha-el-Manzali, bey ou kaïd de Tlemcen, avait remplacé Osman au départ de celui-ci, ayant été nommé à cet emploi par les chefs de la milice et le vœu du peuple, et confirmé par le dey. Ben-Chérif, kalifat de Ben-Arach, s'était avancé dans la province, avec les tribus du désert, prêchant ainsi que son chef l'expulsion des Turcs, et proclamant sa mission comme venant de Dieu. Mustapha sortit d'Oran pour le combattre. La rencontre eut lieu dans la plaine de Fortassa, proche de Flitta. Celui-ci fut défait et forcé de se retirer dans Oran. Le pacha le destitua et le manda à Alger.

Pendant ce temps, le kalifat de Mustapha, alors en excursion du côté de Mazouna, à l'est de Mascara, avait prêté ingénument protection aux habitants sur leur demande, tant que dura la moisson. Pour toute reconnaissance, il fut trahi par eux, ensuite chassé avec les siens. Dans sa retraite, il eut à lutter contre les tribus ameutées, par les Mazounas eux-mêmes, sur son passage, et fut mis en déroute sur le territoire des Medjéhars. Il réussit néanmoins à passer le Chélif avec quelques portions de son magzen, restées fidèles et put gagner Mostaganem. Ainsi, la province était en pleine révolte, sa capitale bloquée; Ben-Chérif, maître de Mascara, de Tlemcen et de toutes les petites cités de l'intérieur, tenait les turcs étroitement serrés dans les villes du littoral. Enfin son autorité s'étendait depuis les portes de Miliana jusqu'au-delà de Tlemcen, vers les frontières de Maroc. C'était précisément la puissance affectée aujourd'hui par Abd-el-Kader, la même ambition et les mêmes projets, luttant contre d'autres rivaux, et appliqués à d'autres temps.

Le pacha se décida cependant à venir au secours de la province. Ce soin fut confié à Mohammed-Mekalech, frère du bey Osman et son compagnon d'exil à Belida. Le nouveau bey dut parvenir à Oran en débarquant à Mersel-Kebir, les communications par terre étant interrompues. Son premier acte fut de renvoyer à Alger le faible Mustapha. Mekalech fit ensuite ouvrir les portes que par crainte on avait laissé murées pendant six mois de blocus. Réunissant les Turcs, les Coulouglis, les débris du magzen renfermés dans la place, et ranimant le courage de tous, le bey sortit de la ville en se faisant suivre de trois canons traînés à bras. Il fondit sur l'ennemi sans lui laisser le temps de se reconnaître, le repoussa et le jetta sur le Sig. Les tribus, qui avaient à se faire pardonner leur première défection, se retournant alors contre Ben-Chérif, mirent en déroute le reste de son monde réuni sur l'Habra. Comme gages de leur soumission, ils amenèrent à Oran les chameaux, les chevaux et les bagages capturés. Le marabout s'enfuit, et se mit à l'abri derrière les remparts de Mascara.

Profitant de ses succès, Mekalech, renforcé des Bordjias, va planter ses tentes dans le pays des Medjéhars. Les tribus rebelles qui s'étaient déclarées pour Ben-Chérif, poursuivies jusqu'à Oraza, sur les bords de la mer, laissent, après un combat sanglant, 1200 des leurs sur la place, et 300 têtes coupées attestent leur défaite. Le reste des rebelles ne peut tenir dans un nouvel engagement contre le bey Mekalech. Ce guerrier donne lui-même le signal, et quoique blessé, charge en personne à la tête de ses cavaliers. Mille têtes exposées, dit-on, sur les remparts d'Alger, vont témoigner du châtiment qui attendait toute résistance à l'autorité des Turcs. Les membres même de la famille de Ben-Chérif, pris dans Mascara, sont livrés sans pitié au bourreau à Alger. Mekalech, parcourt l'outhan (le district) en vainqueur. Il a à ses côtés Hadji-Mohammed, aga du pacha Mustapha, qui avait envoyé cet officier avec un renfort de 40 tentes turques pour seconder le bey d'Oran et le féliciter. Mekalech prend ainsi possession du beylik qu'il ne devait qu'à son courage ; et l'aga Mohammed put retourner à Alger et rendre compte des glorieux résultats de la campagne.

Après un an de tranquillité due à des succès aussi décisifs, Mohammed-Mekalech apprend la présence soudaine, dans sa province, des marabouts Ben-Arach et Ben-Chérif qui venaient de réunir leurs camps. La tribu puissante des Beni-Amer, jadis à la solde des Espagnols, stygmatisée pour ce fait par les Turcs, s'était à la voix des deux marabouts levée en masse contre ces dominateurs. L'intrépide bey part d'Oran en silence ; il surprend la tribu rebelle au marché du lundi (el-had), fond sur elle et l'écrase. Les deux chefs ennemis fuient et se réfugient dans le Maroc. Les os blanchis de plus de six cents cadavres vont apprendre aux tribus épouvantées combien avait été terrible la vengeance des Turcs *.

L'importante cité de Tlemcen était alors en pleine guerre civile ; cela tenait à la constante rivalité des Coulouglis (fils de turcs) et des Hadars (indigènes). Une famine affreuse augmentait l'anarchie. Le bey s'y transporta et mit fin à ces différends. L'arrivée de 900 chameaux chargés de blé, pris dans les matamores (silos) des Beni-Amer, fut en cette occurrence un puissant auxiliaire pour la pacification. Le bey, après un mois de séjour à Tlemcen, retourna à Oran.

Réfugiés à Maroc, dans la petite ville de Taza, les deux marabouts ne tardèrent pas à devenir d'implacables ennemis ; et Ben-Chérif, plus fort ou plus adroit, finit par faire étrangler son ancien maître. Le meurtrier, obligé de fuir le théâtre de son crime, fut recueilli dans une autre ville du Maroc appelée Mezerda, et y épousa la fille d'un marabout du nom de Bou-Terfas. Peu de temps après il y mourut de la peste. Ainsi finirent misérablement deux hommes qui avaient rêvé l'indépendance des tribus en face de la puissance turque, et le rétablissement, sans doute à leur profit, d'une prétendue nationalité maure ou berbère.

N'ayant plus d'ennemis à combattre, Mohammed-Mekalech se laissa corrompre par l'oisiveté et le calme de la paix, et bientôt on le vit se livrer à des excès de toute nature. Au grand scandale de tous, il commença par boire du vin, des liqueurs fortes, et s'adonna à l'ivrognerie la plus effrénée. Ce n'est pas tout ; il fuma et but de l'achich (chanvre), et dans l'ivresse qui en

---

* De la Domination turque dans l'ancienne régence d'Alger, p. 207.

résultait il commit les plus grands excès. Rien ne fut à l'abri de ses violences, et malheur à qui fit obstacle à sa volonté ou murmura contre ses vils caprices. Les familles les plus notables d'Oran ne furent pas même respectées, et plusieurs jeunes filles, arrachées à la maison de leurs pères, furent séquestrées à Cazbah pour servir aux débauches du tyran.

Un jour ayant mandé chez lui la femme d'un aga des Smelas, il lui fit donner, dit-on, autant de soltani d'or qu'elle avait fait de pas pour arriver de sa maison au palais. La présence des chaouchs du bey accompagnant cette femme et comptant les pas, mit le comble à l'exaspération du public *. Les plaintes retentirent, non sans danger, auprès du pacha Ahmed, successeur de Mustapha, à Alger; elles furent écoutées. Malgré sa valeur et les immenses services rendus à la cause turque, Mekalech fut voué à la mort. Décidé à s'en défaire sans retard, le dey lui dépêcha le précédent bey, El-Manzali. Celui-ci, en arrivant, pour donner une couleur légale à sa mission, demanda compte à Mekalech des trésors qu'il prétendait avoir laissés en quittant son administration. Il feignit d'être peu satisfait de la réponse, et, sans en attendre davantage, lui fit appliquer sur la tête un plat métallique brûlant, puis le fit étrangler.

Mustapha, rappelé de son exil et rétabli dans son ancienne dignité, montra une incapacité telle qu'il dût être révoqué. Cette décision ne se fit pas attendre. Bou-Terfas, beau-père de Ben-Chérif, et se servant de son nom comme d'un drapeau, avait poussé quelques tribus à la révolte. Il fallait à Oran un chef influent et aguerri; Mustapha-el-Manzali, reconnu impuissant pour rétablir l'ordre, fut rappelé à Alger. Cependant le dey le fit son

---

* De la Domination turque dans l'ancienne régence d'Alger, p. 209.

kraznadji (chef du trésor), ce qui annonce peut-être chez ce bey disgracié, quelque talent ou au moins un certain crédit. Il mourut même, à Alger, de mort naturelle. Sa médiocrité le préserva, sans doute, d'une fin tragique, condition à peu près inséparable de ce pouvoir éphémère.

Mohammed-el-Réquiq, successeur de Mustapha, avait été son propre kalifat; il fut surnommé Bou-Kabous (père du pistolet); et voici la circonstance à laquelle il dut ce singulier sobriquet. Chargé de sévir, comme kalifat du bey, contre un cheik arabe, il le vit un jour paraître devant lui, et en reçut l'aveu le plus humble de ses torts. Pour toute réponse, El-Réquiq lui fit sauter la tête d'un coup de pistolet.

Ce bey ne donna pas à Bou-Terfas le temps de se rendre redoutable. Une rencontre eut lieu à Mézirda (Mezerda des anciens), proche des ruines de Madroma. Le marabout rebelle fut battu et laissa au pouvoir du bey soixante têtes, ses bagages et ses chameaux. Cette année 1227 de l'hégire (1813 J.-C.), connue sous le nom d'année de Bou-Terfas (Am-bou-Terfas), est restée célèbre dans le pays, par la grande quantité de neige qui tomba. Un grand nombre d'hommes et de chevaux périrent de froid dans cette expédition, et le bey Bou-Kabous dut prendre ses quartiers à Tlemcen. Il y resta un mois pendant le grand hiver et rentra ensuite à Oran *.

Le refus que les Hachems-Gréris, attachés au magzen de l'aga des Douairs, firent d'envoyer le contingent pour aider à chasser Bou-Terfas, attira sur cette tribu une éclatante *razia*. Le bey quitte Oran et surprend les Hachems à l'improviste; il fait tomber la tête de deux kaïds et impose une forte contribution. A son retour à Oran, il apprend

---

* De la Domination turque dans l'ancienne régence d'Alger, p. 211.

qu'Ahmed-Pacha a été assassiné par la milice mécontente, et reçoit en même temps, du nouveau dey, Hadji-Ali, l'ordre de marcher, avec le contingent de la province, dans une expédition contre Tunis. Bou-Kabous refuse d'obéir, et se met en pleine révolte par les conseils des Douairs et des Smélas qui formaient sa principale milice (magzen). On fait même, par ses ordres, main basse sur les chefs et les principaux turcs à Oran, à Tlemcen, à Mostaganem. Il recommandait aussi aux tribus de leur tendre des piéges dans leurs excursions pour les achever.

Les Algériens avaient échoué par terre et par mer contre Tunis, et ils durent se retirer en désordre sur Constantine. Bou-Kabous, par sa désobéissance, n'était pas étranger à cet éclatant échec. Il ne lui restait donc, pour échapper à la vengeance du pacha, que la fuite ou la révolte. Il avait choisi la révolte et il y persista. Afin de rétablir les affaires, Omar, aga du pacha Ali, partit sans retard d'Alger, à la tête de cinquante tentes turques (1150 hommes), en suivant la vallée du Chélif. En même temps, une frégate algérienne débarquait à Oran un *oukil* (agent), muni de pleins pouvoirs.

Bou-Kabous, alors en expédition dans la plaine de la Mina, apprend la marche de l'aga qui s'avance rapidement vers lui, et a déjà dépassé Miliana. Le bey se replie sur la Mina; mais bientôt abandonné des siens, il renonce à combattre et se réfugie presque seul à Oran. L'oukil l'y avait devancé; et le fugitif, pour ne pas être livré par les habitants, se renferme dans l'ouvrage dit Bordj-el-Hamar (Château-Neuf), menaçant de mettre le feu aux poudres si on essaie de l'y forcer. Sa résolution paraissait arrêtée, et la ville était dans les plus vives angoisses, quand son ancien Godja (secrétaire) se dévoua et se fit dépêcher auprès de lui par l'aga Omar. Cet habile négociateur ramena le coupable par ses raisons, et lui arracha l'aveu de ses crimes. Bou-Kabous, repentant et résigné aux décrets de Dieu qui l'abandonnait, apporta lui-même les fers pour être enchaîné, et consentit à mourir. Chargé de chaînes, il fut conduit publiquement au marché et livré à l'exécuteur. Celui-ci lui fit incontinent écorcher la figure et ouvrir le ventre, supplice horrible, qui même n'avait pas le mérite d'être neuf. Dans cet état, on lui trancha la tête. Aussi joignit-on depuis ce jour à ses divers noms celui de El-Bey-Meslourgr (le bey écorché).

Le sixième bey du nom de Ali-Kora-Bargli, le Turc, était gendre de Mohammed-el-Kébir, et ancien kalifat du bey Mekalech. Il avait déjà, au moment de sa nomination, le titre de kaïd de Tlemcen (chef militaire). Il s'occupa de suite d'apaiser l'irritation et les révoltes partielles provoquées par son prédécesseur, et y réussit. Par sa vigueur, il fit rentrer dans le devoir différentes tribus qui refusaient l'impôt, et fit un exemple sévère de celle de Sbihheu, qui interceptait la route d'Alger à Oran et détroussait impunément les caravanes.

La puissance d'Ali durait depuis cinq ans. Il était juste et aimé, et avait une réputation méritée de droiture et de capacité. Ces qualités, bien rares, ne pouvaient manquer de porter ombrage au pacha. Cette dignité était exercée alors à Alger par Omar, assassin du précédent dey Hadji-Ali; ce même Omar-Aga qui était venu présider au supplice de Bou-Kabous. Se rendant justice, Omar craignit ou feignit de craindre qu'on ne voulût le déposer pour porter le vertueux Ali au pouvoir. Son projet fut donc arrêté. Il donna l'ordre au bey Ali de venir en personne apporter le denouch à Alger. Le bey obéit; mais arrivé au-dessous de Miliana, il trouva les gens du pacha dépêchés *pour lui rendre honneur.* C'étaient des bourreaux. Ils se saisirent d'Ali et l'étranglèrent sans pitié.

Ses restes furent respectés, et un tombeau lui fut élevé sur le lieu même.

L'administration d'Hassan, successeur du précédent bey, a été la plus longue. Quelques incidents graves ou singuliers l'ont signalée. Simple soldat du bey, plus tard cuisinier, ensuite petit marchand de tabac à Oran, il avait su plaire, par sa figure, ses bonnes manières et son intelligence, au bey Bou-Kabous, qui lui ouvrit le palais et lui accorda sa propre fille en mariage. Homme de sens, de caractère et d'esprit, Hassan, élevé à la dignité de bey, ne fut point au-dessous de sa nouvelle position. Il résolut surtout de châtier ou de retenir dans le respect les marabouts, race remuante et dangereuse. Les hommes qui portent ou usurpent ce titre, écoutés par la foule, réputés *saints*, et parlant toujours au nom de Dieu, ont été de tout temps dangereux pour le pouvoir, qui doit les avoir pour lui ou les détruire. Le bey Hassan, agissant à la turque, se décida à se débarrasser des plus influents. Il envoya contre eux ses cavaliers, et quiconque fut signalé comme marabout par l'opinion publique, paya de sa tête sa réputation et son crédit.

Un seul, le plus dangereux de tous et leur chef en quelque sorte, fut amené à Oran, devant Hassan, qui voulait lui-même en faire justice. Mais, protégé par la fille de Bou-Kabous, femme du bey, qui exalta la science et la piété du *saint homme*, celui-ci eut la vie sauve et fut seulement jeté en prison. Ensuite, on le retint enfermé un an entier, avec sa famille, dans une maison particulière *. A ce terme, il fut élargi sur la prière des kaïds, qui se rendirent caution de sa tranquillité. Cet homme, qui avait échappé ainsi à la vengeance du

---

* La maison dont il s'agit, que les événements ultérieurs ont rendue célèbre à Oran, avait appartenu au bey Bou-Kabous. Elle existe encore désignée sous le nom de Dar-el-Arich (la Maison-de-la-Treille).

bey, n'était autre que Sidi-el-Hadji-Meheddín, le père d'Abd-el-Kader; et celui-ci alors enfant, pauvre, oublié, avili même, grava dès ce moment peut-être au fond de son cœur, si long-temps et si cruellement ulcéré, les idées de vengeance et de domination qui dirigent aujourd'hui toute son existence.

Un des événements les plus importants de ce règne c'est l'expédition des Turcs, conduits par Hassan en personne, sur Aïn-Mahdi, à vingt journées de marche d'Oran et au sud d'Alger. Cette ville avait eu long-temps pour chérif le marabout Sidi-Ahmed-Tedjeni, originaire du Maroc. Chassé de son pays pour quelques troubles qu'il avait suscités, l'étranger se fit connaître dans sa nouvelle patrie, en imaginant une prière (dzékeur), qu'il donna comme un spécifique merveilleux, guérissant les maux du corps et de l'âme. Cet admirable symbôle ne pouvait descendre que d'un homme du *Seigneur;* tous les habitants voulurent posséder ce remède souverain; et Sidi-Ahmet fut proclamé *chiqr* (saint marabout) par acclamation (*f*).

Quelques années après on le reconnut *hakem* (chef militaire et civil), et il devint le premier dans la même ville qui, peu de temps auparavant, l'avait accueilli en fugitif et lui avait donné une humble hospitalité. Déjà sous le bey Osman, il était devenu l'objet de la haine et des poursuites des Turcs. Ses deux fils Sidi-Ahmed-Ben-Salem et Hadji-Mohammed, héritiers de son pouvoir et de son ascendant moral, donnèrent des alarmes au pacha d'Alger Hussein. Celui-ci écrivit donc à Oran, au bey Hassan, de porter son attention sur l'autorité toujours croissante de ces deux hommes, et de tenter un coup de main.

Le bey rassembla aussitôt 700 Turcs ou Coulouglis et 4 000 Arabes du contingent des tribus depuis Miliana jusqu'aux Beni-Amer. Les bagages, les munitions, les approvisionnements, étaient portés par 4000 chameaux dont une bonne partie, sans doute, étaient destinés à enlever le butin que l'on comptait faire sur la prise de la ville. L'artillerie se composait de deux mortiers et de quatre canons de petit calibre portés à dos de mulet. L'armée se dirigea sur la Mina et la tribu de Flitta. Le bey marchait à petites journées, s'arrêtant deux ou trois jours aux sources d'eau, et au milieu des tribus nombreuses qui pouvaient fournir en abondance à la nourriture des soldats. L'eau manqua cependant aux approches de Aïn-Mahdi, et l'armée s'en passa pendant deux jours.

Arrivé en vue de la place qui est peu considérable, bâtie dans une plaine rase et enveloppée de murs sans fossé, sans flanquements et sans canons, le bey fit savoir aux habitants que l'armée qui s'avançait n'en voulait ni à la ville ni à aucun d'eux, mais qu'elle venait réclamer les fils de l'étranger Tedjeni au nom du pacha d'Alger. Les habitants, pour apaiser le bey, lui offrirent une rançon en ajoutant qu'ils n'auraient jamais l'impiété de livrer les fils de leur *seigneur*.

L'armée prit position sous les murs de la ville. Le bey Hassan accepta d'abord la rançon fixée à 100 000 boudjous en argent, plus divers objets, tels que bernous blancs, bernous noirs, et autres produits de l'industrie du pays, d'une valeur au moins double du chiffre convenu. On employa dix jours entiers au paiement de ce tribut. Quoique satisfait sur ce point, le bey n'en ouvrit pas moins le feu contre la ville, le onzième jour; la canonnant pendant la journée, y jetant des bombes pendant la nuit.

Les diverses attaques tentées par les Turcs sur l'une des deux portes de la ville, dite de l'Est, ayant été repoussées, une dernière attaque qui dura sept heures n'ayant pas obtenu un meilleur résultat, les kaïds des contingents arabes conseillèrent à Hassan-Bey de lever le siége ; ce qu'il fit, laissant trente morts sur la place et ramenant quarante-cinq blessés. Les guerriers d'Aïn-Mahdi ne l'inquiétèrent pas dans sa retraite. Malgré leur succès même, ils ont continué de payer l'impôt annuel de 20000 boudjous (36000 fr.), versés entre les mains du bey d'Oran. L'armée, emportant son butin, reprit, à petites journées, la route qu'elle venait de suivre, et rentra à Oran quatre mois après en être sortie. Ainsi, le but de l'expédition était manqué. Les fils de Tedjeni restaient plus forts que jamais, et l'entreprise contre eux, en échouant, avait relevé toute leur puissance et tout leur crédit.

Ce fut cette confiance aveugle qui perdit bientôt l'un d'eux, Sidi-Ahmed, l'aîné des Tedjeni. Les Hachems-Gréris, tribu puissante de Mascara, voyant que les Turcs avaient faibli devant la volonté énergique des habitants d'une petite ville, s'adressèrent à lui et implorèrent son intervention, afin de se soustraire à la domination de leurs oppresseurs. Hassan-Bey, qui se trouvait alors vers Tlemcen, fit saisir deux de leurs cheiks, ainsi que leurs kaïds, et ordonna d'exposer leurs têtes sur les murs de Mascara. Par représailles, deux turcs percepteurs de l'impôt pour le compte du bey, présents chez les Hachems pour l'exercice de leur charge, furent décapités. Les autres collecteurs et les cavaliers d'escorte ne durent leur salut qu'à une fuite précipitée.

Pour achever de décider Tedjeni à embrasser leur cause, les Hachems lui envoyèrent la tête des deux turcs en lui faisant dire : « Voici les têtes du bey et de » son kalifat ; viens te joindre à nous ; tu seras notre chef » et toutes les tentes te reconnaîtront. » Tedjeni, sur cette assurance jurée sur le Coran et la promesse hautement proclamée qu'ils ne l'abandonneraient qu'à la mort, se déclara pour eux.

Arrivé devant Mascara, celui-ci loin de trouver toutes les tribus sous les armes et prêtes à soutenir son autorité, se vit à peine entouré de 1 500 cavaliers des Hachems-Gréris, et à peu près d'autant de fantassins. Tedjeni était trop avancé pour songer à reculer. Avec ces forces, grossies de 250 fantassins qui l'avaient suivi d'Aïn-Mahdi, il résolut de tenter fortune. Après avoir échoué dans une première épreuve de soulèvement, il fit sommer, mais vainement, la garnison turque de lui livrer Mascara. Il s'empara cependant de la petite position d'Aïn-Bida (la Fontaine-Blanche); et, maître du faubourg Bab-Ali, enlevé de vive force, il investit la place.

Le bey, informé du succès de cet ennemi, partit aussitôt d'Oran. En quatre jours de marche, il était en vue de Mascara. Une forte canonnade se faisait entendre, et Tedjeni, concentré à Aïn-Bida, préparait une attaque générale sur la ville.

A l'aspect des Turcs, les fantassins des Hachems-Gréris, saisis d'une terreur panique, prirent la fuite. Tedjeni, réduit aux 1500 cavaliers, se replia et s'appuya à la position en arrière. Pressés de face par le bey en personne, et par Mustapha-Ben-Ismaël, aga des Douairs, tandis que le kalifat du bey, Sélim, avec son magzen, les tournaient par la droite, les cavaliers des Hachems, craignant d'être enveloppés, lâchèrent leur coup de fusil, et, faisant volte-face, s'éloignèrent au galop.

Le malheureux Tedjeni abandonné, trahi par des lâches qui avaient imploré son appui, cerné par un ennemi furieux, fort et implacable, s'apprêta, avec ses 250 fantassins, à lui vendre chèrement sa vie. Il embusqua son monde derrière ses bagages, et attendit ainsi une mort certaine. C'était un homme puissamment gros; il tomba de cheval dans la mêlée, et resta sous les cadavres qui s'amoncelaient à ses côtés. Réduits de plus de moitié, les malheureux, qui avaient suivi la fortune de leur chef jusqu'au bout, furent tous enveloppés, pris et décapités après le combat.

Tedjeni, dont la tête avait été mise au prix de cent soltani ou sequins en or (8370 fr.), fut trouvé sous les cadavres de ses défenseurs. Il était vivant et sans blessures. Abda-Ben-Cadour, kaïd des Smélas, le tua d'un coup de pistolet. Hassan se fit apporter sa tête, et ce sanglant trophée, ainsi que la tête du godja (secrétaire), fut expédié au pacha d'Alger, Hussein. Le bey Hassan reçut en échange une superbe paire de pistolets, un yatagan en or, un cheval magnifiquement harnaché, trois beaux fusils et une très-belle esclave de Géorgie *.

Hassan ne s'arrêta pas à Mascara; il se porta immédiatement sur Bénian, à une journée de marche. De là il somma les chefs des Hachems d'avoir à se rendre devant lui. Ceux-ci, épouvantés, se présentèrent en effet; il les frappa d'une contribution de 50 000 boudjous (90 000^f), et agréa leur soumission. Après s'être promené dans l'Outhan (district), pendant quelques jours, et avoir levé l'impôt sans obstacle, le bey rentra vainqueur à Oran.

Un an après, un autre marabout nommé Sidi-Admed, chirq des Mehaïa, sur la frontière de Maroc, ayant excité une nouvelle révolte, força le bey Hassan à remener ses pas dans ce pays. Une rencontre sérieuse et disputée eut lieu chez les Oulad-Medjehad. Le marabout rebelle, battu à la fin de l'action, prit la fuite et rentra dans le Maroc. Plus tard (1828), le bey ramena au devoir les Oulassas, Kabyles imposables, qui cultivaient une partie des belles plaines du Zidoure. Hassan-Bey resta trois jours dans le pays, faisant main-basse sur tout. Cependant les principaux Kabyles, réfugiés dans leurs montagnes, obtinrent

---

* De la Domination turque dans l'ancienne régence d'Alger, p. 224.

une espèce de capitulation, c'est-à-dire une diminution d'impôts. A ces conditions, ils descendirent dans la plaine et reprirent leurs travaux agricoles.

Hassan, dans sa politique ombrageuse, se défit de plusieurs rivaux ou ennemis. Sa conduite à l'égard de son propre gendre, le turc Mustapha Tcheurmi, fut la plus significative. Celui-ci, étant kaïd de Flitta, avait dû être destitué à cause de ses exactions. Il résidait alors à Oran. Toujours ambitieux, quoique en disgrâce, il s'était proposé pour bey au pacha d'Alger, en promettant la tête d'Hassan avec 4000 sequins (334 800 fr.). Le pacha renvoya la lettre au bey Hassan lui-même, en exigeant le nombre exact de sequins, et, à cette condition, livrant son rival à sa merci.

Hassan prend ses mesures le lendemain même du jour où il a envoyé à son gendre des cadeaux et de l'argent pour l'aider à terminer une maison qu'il faisait construire. Le kaïd, comme troisième personne du divan par son rang, se rend le matin auprès de son beau-père, suivant sa coutume, pour traiter des affaires de l'état, ou faire sa cour. Le bey lui montre la fatale lettre, et sans aucune remise le livre à son chaouch (l'exécuteur), le smela Ismaël-Ben-Kadi. Malgré ses cris et ses protestations, le kaïd est immédiatement étranglé dans un recoin que l'on voit encore à gauche de la porte d'entrée du palais, au Château-Neuf. Hassan rendit compte au pacha de cette affaire le jour même, et joignit à sa lettre les 4000 sequins et la tête de son rival : témoignages irrécusables de sa ponctualité dans l'exécution des ordres reçus. L'intérieur du palais reprit ses habitudes ordinaires, et ce grave incident, bien fait cependant pour frapper les esprits, passa presque inaperçu (*g*).

Les événements qui précèdent nous conduisent à 1830, époque de la présence des Français à Alger. L'organisation politique et militaire de la province d'Oran, depuis le départ des Espagnols, et l'immense pouvoir des Turcs, malgré l'ignoble caractère de la plupart de leurs chefs, ont été clairement exposés; et le lecteur a pu s'assurer combien cette puissance, bien qu'établie sur la terreur, la violence et l'exaction, avait poussé de profondes racines dans les tribus. Enfin les beys, dans leurs sorties, étaient accompagnés tout au plus d'un millier de turcs. Le reste de l'armée expéditionnaire se formait du contingent des tribus elles-mêmes. Mais la terrible et prompte vengeance qu'ils tiraient du moindre mouvement hostile, de la plus légère insoumission, suffisait toujours pour maintenir, entre le respect et l'épouvante, un peuple qui, privé d'organisation politique, ne pouvait secouer ses chaînes sans les rendre plus lourdes.

Ce qui reste à dire pour terminer la période historique que nous avons embrassée, va faire pressentir combien, en négligeant d'employer le système des précédents possesseurs, dans les limites tracées par notre civilisation, nous devions nous créer d'embarras; combien nous allions susciter de rivalités puissantes, en échange de quelques alliances incomplètes ou perfides. Aujourd'hui, après plusieurs années d'essais infructueux, on se voit forcé de se rapprocher des traditions écartées d'abord avec dédain. C'est réellement par des attaques soudaines (razias) contre toute tribu rebelle, hostile, ou équivoque dans sa fidélité, et dès-lors suspecte et dangereuse, que le jeune et vaillant commandant actuel de la province d'Oran a, le premier, rendu traitable ce district, le plus belliqueux et long-temps le plus insoumis. Les Français n'y comptent plus aujourd'hui que des alliés.

Ce mode d'opérer est maintenant le seul adopté; aussi l'éminent homme de guerre appelé au gouvernement général de l'Algérie, secondé du reste par cette brillante réunion d'officiers, rivalisant d'ardeur et de bravoure, voit-il une série de tribus indomptées jusqu'ici, marcher, bannières déployées, dans nos rangs. Ces résultats incontestables sont le prélude de succès encore plus éclatants; et ceux-ci ne se feront pas attendre.

Quant aux événements qui sont devenus la première cause de notre contact hostile avec ces mêmes tribus, ou plutôt qui déterminèrent la collision avec Abd-el-Kader, et devinrent l'origine de l'élévation de ce marabout célèbre, ils feront l'objet de ce qui va suivre.

Les préparatifs et le but de l'expédition d'Afrique étaient universellement connus, plusieurs mois avant l'événement. Les journaux, qui pénétraient par-tout, en avaient porté la nouvelle jusqu'à Alger même, et donnaient en outre des détails circonstanciés sur le plan de campagne, la force des troupes et le point de débarquement. Mais, tandis que des officiers de toutes les nations de l'Europe, briguaient l'honneur de courir, sous nos drapeaux, les hasards de cette nouvelle croisade, l'indolent pacha ne faisait aucun préparatif de défense. Ce n'est qu'au dernier moment que les contingents des trois régions principales, de Titery (Médéah), de l'est (Constantine), de l'ouest (Oran), furent mandés, avec ordre aux beys de marcher en personne à la tête de leurs troupes. Le bey de Titery, guerrier intrépide, quoique chef peu habile, obéit et se rapprocha d'Alger avec sa cavalerie. Le bey de Constantine ne suivit pas cet exemple. Le bruit avait couru que dans l'espoir de conserver en propre quelques parties de cette province, le vice-roi d'Egypte ferait cause commune avec les Français; aussi le bey craignant en réalité ou feignant de craindre un débarquement sur les côtes, ne quitta point sa capitale. Il se borna à envoyer un contingent de cavaliers au pacha *.

Le bey d'Oran déclina également les ordres reçus. Son divan, après délibération, décida que ce contingent ne serait pas fourni, et qu'on aviserait plus tard à se défendre dans Oran même, si le cas l'exigeait. Boursali, kalifat du bey, qui se trouvait à Alger avec 1 200 hommes pour verser le tribut semestriel, dut seul combattre; et ne rentra à Oran qu'après la chûte d'Alger.

A cette nouvelle, les milices composant le magzen proposèrent au bey d'abandonner immédiatement Oran à sa destinée, et d'aller établir le siége de sa puissance dans l'intérieur. Les serments de fidélité furent renouvelés à cette occasion, et des cadeaux d'armes et d'argent faits par le bey aux chefs; ceux-ci les acceptèrent avec l'étalage habituel de reconnaissance et de dévouement.

Le bey céda, et fit mettre en marche ses richesses et ses effets les plus précieux, chargés sur des chameaux. Mais, sur les glacis même d'Oran, les propres hommes du magzen, embusqués, pillèrent le convoi. Le bey Hassan n'eut que le temps de fermer les portes de la place et de se mettre en défense. C'est alors qu'il appela les Français à son aide, disposé à leur remettre l'autorité pour sauver ce qui lui restait encore. On accepta pour l'instant cette soumission, bien qu'une communication du gouvernement antérieur à la révolution de juillet eût fait entendre, dit-on, qu'il était question de céder à la porte Ottomane le territoire de la régence, excepté le littoral depuis l'Arach jusqu'à Tabarca **.

* Histoire de l'Algérie et des autres états barbaresques, par M. le baron de Vinchon, officier supérieur en Afrique, p. 194. — Paris, 1839.

** Annales Algériennes, tome 1, livre IV, p. 97. — Voyez note (h), une explication qui contredit entièrement l'assertion de M. Pellissier.

M. de Bourmont fils, capitaine d'état-major, fut chargé de recevoir le serment du bey. Celui-ci demandait avec instance la présence des troupes françaises à Oran, promettant de leur livrer la ville et ses forts. Quant à lui même, chargé d'années et dégoûté du pouvoir, il exprimait le désir de renoncer à ses fonctions pour aller finir ses jours en Asie.

Pendant les pourparlers avec l'officier français, 100 marins du brick *le Dragon* et des autres bâtiments en rade à Mers-el-Kébir, sous les ordres du capitaine Leblanc, débarquèrent et s'emparèrent de ce point militaire important, sans résistance de la part des Turcs, et sans opposition du côté du bey. Le capitaine de Bourmont rapporta ces nouvelles à Alger; par suite le maréchal, son père, fit partir, le 6 août, pour Oran, le 21e régiment de ligne (colonel Goudfray) avec 50 sapeurs du génie et deux obusiers de montagne. On venait d'arriver et l'on débarquait à peine à Mers-el-Kébir, quand la connaissance des événements de juillet provoqua le rembarquement immédiat de l'expédition, avec abandon de Mers-el-Kébir, dont on fit sauter le front du côté de la mer. Le bey Hassan refusa de s'embarquer, quoique se déclarant vassal du Roi des Français.

Hassan était donc resté dans Oran, mais presque sans autorité. Un grand nombre de familles, pour se soustraire aux français, émigrèrent à Tlemcen. La plupart furent pillées en route. Cependant les tribus de l'ancien magzen, les Douairs et les Smélas, établis aux portes d'Oran, entr'autres, ne firent aucune opposition. Il y eut sans doute un projet d'association contre les Français, mais sans aucune suite; et Mustapha-Ben-Ismaël, aga des Douairs, et Ben-Morfi, aga des Smélas, ne quittèrent point la ville. On voyait dans celle-ci inquiétude et trouble, mais point de révolte.

Dans les premiers jours de 1831, une convention particulière habilement conçue par M. le maréchal Clauzel, nouveau gouverneur, et parfaitement appropriée à la circonstance, cédait le beylik d'Oran à un prince de la maison régnante de Tunis, moyennant vasselage et une somme annuelle d'un million de francs, au profit du trésor. Le but du maréchal était de rendre disponible, sans retard, une portion de nos forces d'Afrique, pour les ramener en France, dans l'éventualité d'une guerre européenne. Peu de temps auparavant, dans les derniers mois de 1830, l'empereur de Maroc, Abd-er-Rhaman, s'était rapproché de la province. Il franchit la frontière et essaya de s'emparer de Tlemcen et d'insurger les tribus contre nous. Une deuxième expédition sur Oran fut donc projetée, et son exécution dut avoir lieu sans retard.

Le 11 décembre 1830, le général Damrémont partit d'Alger avec le 20e de ligne. Arrivé le 13 devant Mersel-Kébir, il y entra sans résistance le lendemain, et quelques jours après dans le fort St-Grégoire. Cette situation dura jusqu'à la fin du mois; alors un bataillon de renfort du 17e de ligne, jugé inutile, fut renvoyé en France. Le général ayant l'intention de laisser au gouvernement d'Oran sa composition et sa forme ordinaires, sous le patronage des Français, voulait éviter, par cette lenteur calculée, des actes de rigueur à l'installation du nouveau pouvoir que l'on destinait à la province. Il s'attacha surtout, après les derniers arrangements avec Tunis, à provoquer l'évacuation du pays par les Marocains.

Cependant l'agitation était croissante dans la ville; le désordre et le pillage devenaient imminents. La personne du bey se trouvait en danger. Celui-ci dépêcha donc au général français l'aga Mustapha et Hadji-Morcelli pour le prier de faire son entrée dans la ville. Elle eut lieu le

4 janvier 1831, après un engagement de peu d'importance, au fond du ravin, entre Saint-Grégoire et la place. Ainsi une grande collision fut prévenue ; et si les tribus du magzen, les plus à portée, n'étaient pas sans agitation, du moins aucune levée bien hostile n'en était résulté. Peu de jours après, le vieux bey Hassan s'embarqua pour Alger. Après le retour du maréchal Clauzel en France, il demanda à passer à Alexandrie, puis se retira à la Mecque où il mourut.

Le 4 février on proclama à Oran la reconnaissance du prince tunisien, Sidi-Ahmed. Deux cents fantassins de cette régence, destinés à former sa garde, débarquaient, ce même jour avec le kalifat ou lieutenant d'Ahmed. Le général Damrémont repartit pour Alger après l'installation de cet officier, mais en lui laissant pour auxiliaire le 21e régiment de ligne (colonel Lefol).

Le désappointement du kalifat fut prompt ; le gouvernement du pays conservait, il est vrai, les formes de l'autorité turque, modifiées d'après nos mœurs et notre civilisation, ainsi qu'on l'a réglé plus tard dans la province de Constantine ; et le principe était bon. Mais le choix d'un prince de Tunis était moins heureux, cette puissance étant rivale des anciens souverains de Mascara et de Tlemcen ; en outre, long-temps assujettie à ces derniers, elle en était méprisée. D'ailleurs la ville restait presque déserte et ses magasins étaient vides. Sidi-Ahmed ne parut point à Oran. L'autorité du kalifat, quoique secondée par le colonel Lefol, ne dépassait guère les glacis de la place.

Cependant le kalifat, réunissant quatre ou cinq cents turcs et tunisiens, fit une excursion sur les tribus hostiles ou dissidentes. Il les repoussa, fit des prisonniers et enleva quelques troupeaux, ressource précieuse dans le dénuement où l'on se trouvait. Le 21e régiment ne recevant rien de France, cédait alors à un funeste découragement. La garnison se retrempa dans la guerre ; car les tribus avaient fait quelques démonstrations, et des coups de fusil étaient fréquemment échangés aux avant-postes. A la même époque, Muley-Ali, kalifat de l'empereur de Maroc, avait mandé à Tlemcen les principaux chefs des tribus, sous le prétexte de se concerter pour prévenir la domination étrangère ou s'y soustraire. Mustapha-Ben-Ismaël, Boursali, Morcelli et d'autres chefs influents de l'ancien magzen, s'y rendirent sans défiance. Le chef marocain se saisit de leurs personnes et les envoya à Maroc où ils restèrent un an prisonniers. Cette captivité de l'aga Mustapha (le général Mustapha actuel), que son propre intérêt et celui de sa tribu eussent sans nulle doute rallié franchement à notre cause, dès cette époque, n'a pas été sans une grande influence sur les événements subséquents.

La présence des Tunisiens à Oran ne donnant aucun des résultats projetés ou attendus, le traité du maréchal Clauzel avec leur régence n'ayant pas d'ailleurs obtenu l'approbation du cabinet, l'autorité purement française dut être rétablie. Le maréchal-de-camp de Fodoas en fut investi le premier, mais comme simple intérimaire. Cet officier général débarqua à Oran dans le courant d'août 1831. Le 12 septembre suivant, le colonel Lefol succombait à une affection nostalgique. Un ordre du jour prescrivait son inhumation dans un des bastions du Château-Neuf, qui conserva depuis le nom de cet officier supérieur. Le 20e régiment (colonel Marion) remplaça le 21e. Le kalifat et les Tunisiens furent remerciés et reconduits dans leur pays. Muley-Ali, après avoir tourné avec quelques centaines de cavaliers devant Oran, disparut bientôt et rentra dans sa province, ainsi que les troupes de Maroc.

A cette première époque, la situation politique, trèséquivoque sans doute, était loin d'être négative. Les tribus de l'ancien magzen n'avaient pas toutes le caractère hostile. Elles affectaient, il est vrai, cette situation incertaine, mal définie, qui n'est ni la paix ni la guerre, mais qui, appropriée à ces esprits agités, remuants, impressionnables, offrait l'indice à peu près certain d'un prochain soulèvement. Cependant quelques arabes entraient avec confiance à Oran et en sortaient de même ; mais ne contribuant presqu'en rien à l'approvisionnement de la ville. Les tribus rapprochées, en général, fermaient les routes aux tribus éloignées ; soit que les chefs des premières attendissent des propositions directes de notre part ; soit qu'ils préférassent l'état d'agitation, qui cependant ne pouvait leur profiter, à la possibilité de voir des tribus plus dociles, exploiter à leur avantage l'état de paix et les relations avec les Français ?

L'état d'incertitude sur les vraies dispositions des tribus à notre égard augmentant, c'était le cas de redoubler d'attention, d'activité, de soins, pour garder à nos côtés, intéresser, cultiver cette portion de l'ancien magzen, la plus rapprochée d'Oran, composée des Douairs et des Smélas, et la rattacher à la cause française à tout prix. La vieille rancune des tribus imposables, envers une milice toute dévouée aux Turcs, et les précédentes rivalités, dans le magzen même, de tribu à tribu, ne rendaient nullement impossible un rapprochement bien décidé de ces Douairs et Smélas avec les Français. Ceux-ci naguère à demi-turcs, par conséquent les moins sympathiques aux véritables tribus arabes, restaient encore établis sur les propres glacis d'Oran, sans aucune direction dans leur politique et leurs projets depuis la captivité des chefs à Maroc. Leurs intérêts matériels, les conditions de leur existence comme tribus, ainsi que la suite l'a prouvé, devaient les rendre en quelque sorte nôtres. Malheureusement il y avait trop peu de forces réunies à Oran pour en imposer. Les communications avec Alger étaient lentes ; avec la métropole, à peu près nulles. Les instructions restaient incomplètes ou embarrassées ; ainsi, forcément, rien n'était préparé, rien ne se décidait dans la place. Dans l'intervalle, les tribus pouvaient librement combiner des projets, préparer des alliances. Les Douairs et les Smélas eux-mêmes, cédant à l'exemple, ne voulaient qu'un prétexte, n'attendaient qu'une occasion pour prendre un parti, mais un parti absolu, définitif. Cette occasion ne tarda pas à leur être offerte.

Un douair, parent de l'aga Mustapha (notre général Mustapha), n'avait pas répondu au cri de qui vive d'une sentinelle établie dans la lunette Saint-André, l'un des ouvrages avancés à l'Est ; c'était en plein jour, dit-on. Cet homme fut renversé mort sur le carreau ; car le soldat français avait fait feu, exigeant de l'arabe, dans un idiôme inconnu, une chose matériellement impossible.

La tribu demanda satisfaction avec éclat et tumulte, et réclama la tête du soldat, qu'elle prétendait coupable. Cette demande fut justement repoussée. Un simulacre de jugement pour un meurtre involontaire sans doute, mais au moins blâmable par ses circonstances, cas prévu par les lois en vigueur, eût répondu à toutes les exigences. Témoins des formes de la procédure, les Arabes se seraient contentés de ce mode de justification ; et suivant leurs idées de fatalisme, auraient fini par voir le doigt de Dieu dans cet accident. Aucune satisfaction ne leur fut accordée.

Les Arabes s'exagérant cette sorte de déni de justice, guerriers, femmes, enfants, vieillards, la tribu en masse déserta, dans la nuit même, et abandonna son établissement fixe aux portes d'Oran. Au point du jour tout était disparu, et les fugitifs gagnant les douars (villages) dans l'intérieur des tribus, allèrent exposer leurs griefs et crier vengence. L'accord fut passé immédiatement, et la conflagration dans la province de l'Ouest devint générale. Les Douairs et les Smélas marchèrent à la tête de la coalition, et ces hommes se montrèrent, pendant trois ans, nos plus implacables ennemis *.

De cette époque datent réellement l'agitation, le trouble, la guerre acharnée dont la province est devenue le théâtre depuis onze ans. Deux intervalles de calme que des esprits prévenus ou complaisants ont appelés paix, sont venus suspendre les hostilités. L'un est la trêve conclue sous le général Desmichels, le 26 février 1834; brisée avec éclat quelques jours avant l'affaire de la Macta, à l'occasion de ces mêmes Douairs et Smélas, qui alors revinrent décidément à nous; restés alliés fidèles depuis, ils combattent encore vaillamment dans nos rangs. La deuxième trêve est ce traité tant cité de la Taffna, conclu le 30 mai 1837. Il a été rompu par Abd-el-Kader, le 24 novembre 1839, à la fois dans toutes les provinces soumises à la puissance légale ou usurpée de ce chef arabe. Les premières démonstrations, devenues plus tard des attaques furieuses, ont été tardives à Oran, et datent seulement du 12 mars 1840. Cette circonstance est digne d'attention ; il ne sera pas indifférent d'en rechercher, en son lieu, les motifs.

Au début de la coalition des tribus, en 1831, Oran qui avait vu naguère le vieux marabout Meheddin assis, humble et pauvre, à la porte de la mosquée, extorquant, en échange de prières et d'amulettes, les dons des dévots et crédules musulmans, allait le voir guerrier

---

* La fuite des Douairs fournit l'occasion de détruire les villages qui, sous le nom de Kergentha, formaient un voisinage fort dangereux pour la ville. Ils furent rasés, et les abords d'Oran s'étendirent au loin dans cette direction.

intrépide et chef puissant et obéi. Cet homme, lui *saint marabout*, traîné au tribunal des Turcs, échappé comme par miracle à leur glaive, incarcéré un an sous la garde de leur milice, objet du mépris et des outrages des soldats des magzen, se gardait, cette fois, de dédaigner leur appui. Il allait exploiter à son profit leur fuite d'Oran, leur rancune, même leur désunion, en l'absence des chefs retenus à Maroc. Se plaçant audacieusement au milieu d'eux, il s'imposait général, et les faisait marcher à la tête de la coalition contre nous. A sa voix, les tribus naguère ennemies ou rivales, écartant les griefs réciproques, réunissaient leur fougue, leur indocile besoin d'indépendance, surtout leur fanatisme.

Déjà Meheddin trouvait un auxiliaire puissant dans la parole et dans le bras de son fils Abd-el-Kader ; et, quand, après plusieurs rencontres avec les Français, où celui-ci avait combattu à ses côtés, le vieux marabout l'eut reconnu mûr pour ses projets, il lui remit, avec le pouvoir, le soin de poursuivre son œuvre. La mort de Meheddin, survenue en juin 1833, vint consacrer cette mission. L'héritage de Meheddin, le voici : un crédit religieux sans partage ; un pouvoir sur les tribus non sans rivalité jalouse, mais pour le moment impuissante ; une soif immense de domination et le plus ardent fanatisme. Cet enfant presque abandonné, si abject, s'étant même prostitué, dit-on, soit de force, soit entraîné par de mauvais penchants[*], cet enfant devenu homme, accueillit cet héritage. Mais égal à son père en courage, il le laissa bientôt loin de lui par la ruse, par la profonde hypocrisie ; et, quand sa politique l'a exigé, par la froide cruauté,

---

[*] Ceci explique les expressions méprisantes du général Mustapha-ben-Ismaël sur le compte d'Abd-el-Kader. Quant à la haine qu'il lui a vouée, elle est réellement indicible.

surtout par l'ambition la plus effrénée. Celle-ci est devenue le mobile de tous ses actes, et chez lui, ce que l'homme est habitué à respecter, la foi au serment, les bienfaits reçus, la reconnaissance, lui sont sacrifiés sans hésitation ni regret (*i*).

NOTES *.

(*a*) Le jour de la rentrée des Turcs à Oran, en comptant par années ordinaires de 365 jours, tomberait au premier vendredi de septembre 1792 ; mais il y aurait là une grande erreur, l'année musulmane étant lunaire, c'est-à-dire de 354 jours seulement. Par suite de cette différence, 11 étant le trente-troisième de 365, il faut, pour être exact, supprimer un an sur chaque somme de 33 années musulmanes, ou, en compte rond, trois années par siècle.

Exemple : L'inscription trouvée dans la grande mosquée de Mostaganem porte la date de l'hégire 742. En se rappelant que l'an premier de l'hégire est 622 de Jésus-Christ, pour avoir l'année correspondante de l'ère-chrétienne, dans le cas actuel, il faut écrire 742 années lunaires, moins 22 années, plus 622 années vulgaires. Le total fait 1342 ans, époque réelle où fut construite la mosquée dont il s'agit.

La réciproque, c'est-à-dire le retour de l'année vulgaire à l'année musulmane, n'est pas moins facile. Ainsi l'an 1842 correspond à l'an de l'hégire 1842 — 622 — 37 années lunéraires = 1257, année exacte de l'hégire relative à 1842.

Pour trouver le jour et le mois correspondant à une date donnée, il faut avoir recours à des tables telles que celles que l'on trouve dans l'art de vérifier les dates ; et les maures lettrés s'en rendent

---

* Ces notes forment le complément à peu près indispensable du fragment historique qui précède. Les matières qui les composent sont en très-grande partie extraites de l'ouvrage cité déjà plusieurs fois sous le titre de la *Domination turque dans l'ancienne régence d'Alger*. Il eût été impossible de choisir un point de départ, selon nous, plus exact et plus instructif.

parfaitement compte. Ne perdons pas de vue que les Arabes ont été nos maîtres dans l'art du calcul. Nous leurs devons les chiffres appelés par nous chiffres arabes, par eux chiffres indiens. Ils sont aussi les inventeurs du système décimal dont nous nous servons. C'est à Bougie, au commencement du 12ᵉ siècle ou au commencement du 13ᵉ, que Léonard, marchand de Pise, établi dans la première ville, apprit le mode de calculer des Arabes, et que, de retour en Europe, il en dota sa patrie. A cette petite république commerçante appartient donc l'honneur d'être le premier peuple chrétien qui ait fait usage de l'échelle décimale.

Quant au sens du mot hégire, il est fourni par les mots *heudger-heudgera* (fuir-fuite). C'est l'acte par lequel Mahomet quitta précipitamment la Mecque, où ses ennemis voulaient le faire périr par le fer ou le poison; et c'est en 622 de J.-C. qu'eut lieu cet événement, devenu plus tard si mémorable. Le prophète se réfugia à Yatrib que les Arabes, en adoptant sans retour la mémoire de l'événement qui précède, appelèrent Medinat-en-Nebi (la ville du prophète), et par abréviation Medinat (la ville). Au reste, Mahomet ne put échapper au sort qu'il redoutait. Il mourut empoisonné l'an X de l'hégire. Le poison fut répandu dans un agneau rôti que lui servit une juive de Khaïbar, nommée Zaïnab, dont le frère avait été tué par Ali, ami et disciple de Mahomet.

(*b*) Le bey d'Oran, comme ces mêmes dignitaires à Titery et à Constantine, devait certains tributs au pacha d'Alger, à des époques déterminées par les obligations où le plaçait sa position de vassal. Voici les époques et les tribus pour Oran:

Tous les six mois, au printemps et en automne, le kalifat du bey apportait à Alger le tribut en argent (Lesma), 100 000 rials-boudjous (186 000 fr.), plus une quantité déterminée d'esclaves mâles et femelles, de kaïks, de bernous blancs et bruns, de la peau rouge (marocain) pour les bottes (chemaqs) de haïks fins (kessas), enfin un chiffre prescrit de chevaux de luxe, et de chevaux et des mulets de bat.

Tous les trois ans, le bey en personne se rendait à Alger pour offrir le *Denouch*, 40 000 rials-boudjous (73 600 fr.), avec un assortiment, semblable au précédent, d'esclaves, de vêtements, etc., plus 40 chevaux de premier choix.

Le pacha recevait en outre le produit des tributs religieux, appelés dans l'ouest, le *Zacat* et l'*Achour*. Le premier impôt portait sur les troupeaux et l'argent, à raison d'un mouton sur dix, d'un bœuf sur trente. L'Achour concernait les céréales et l'huile. C'était le dixième du produit des terres. Dans l'esprit de la loi musulmane, les tribus religieux ne devaient être payés qu'au chef suivant la *voie droite*. Dans le cas contraire il ne lui était rien dû, mais la valeur du tribut devait être distribuée aux pauvres. Ce genre d'appréciation n'étant pas sans beaucoup de danger, devenait pour ce motif illusoire, et on se gardait bien de l'exercer. On payait donc sans mot dire pour n'y pas être contraint par la force. Mais la conscience était en repos, car ne pas payer n'eut pas été d'un bon musulman.

Le blé et l'orge provenant de l'Achour se vendaient au port de Mers-el-Kébir par le fermier de ces ventes, le Kaïd-el-Mersa, lequel achetait son privilège 10 000 soltani en or (837 000 fr.) tous les ans ; en outre il devait compte au pacha, tous les mois, de 5 000 soltani en or (418 500 fr.). Quant aux troupeaux, ils étaient vendus aux enchères publiques par les soins d'un des agents des domaines, et les fonds arrivaient au pacha de la même manière.

Enfin, chaque ville ayant *nouba* (garnison turque), payait entre les mains de l'aga de la nouba, quittant la place, suivant l'importance de celle-ci, de 2 000 jusqu'à 5 000 rials-boudjous (37 000-93 000 fr.). Ces fonds rentraient aussi au trésor du bey.

En ajoutant tout ce qui, sous cette administration corrompue et vénale, était exigé indûment, ce que les chefs du second ordre, ensuite les subalternes prenaient, estorquaient, dérobaient, avant de faire la part du maître, et suivant des degrés mal déterminés et sans contrôle, on conçoit les charges énormes que les tribus imposables avaient à supporter : frais, extorsions, pillage de toute sorte. Voilà ce dont les Français ont pour le moment déchargé les tribus ; et ce résultat doit, par le simple instinct d'un intérêt bien entendu, les ramener et nous les attacher. La différence de religion, de mœurs, d'habitudes, est un grand obstacle sans doute. Mais les bénéfices à réaliser par des échanges sur nos marchés, en outre le bien-être social et intellectuel, enfin les avantages matériels et moraux de toute sorte que les indigènes trouveront dans notre contact, assoupliront peu à peu ces caractères, useront à la longue les obstacles, et amèneront dans un avenir qu'on peut raisonnablement admettre n'être pas très-éloigné, sinon une fusion complète, au moins des conditions sûres de rapprochement et d'alliance.

Les sacrifices signalés, Abd-el-Kader les rétablirait sans nul doute s'il restait le maître. Il les exige, du reste, en ce moment, quand l'occasion le lui permet et qu'il est le plus fort, et toujours avec violence. L'exécution à mort sert même pour abattre les sommités quand il prévoit de la résistance ou veut la punir.

(c) Les musulmans n'ont point de noms patronimiques. Le septième ou huitième jour après la naissance de l'enfant, le père ou l'aïeul, ayant prié sur le nouveau-né, proclame son nom, ou bien le prononce d'abord à l'oreille de l'enfant et le répète ensuite aux assistants.

Les noms usités sont, en première ligne, ceux des patriarches et des prophètes : la loi de Mahomet le veut ainsi. Tels sont les noms, Ibrahim (Abraham), Soliman (Salomon), Moussa (Moïse), Aïssa (Jésus-Christ vénéré comme prophète par les arabes), Mohamed, Hamed, Mahmoud (les trois noms du prophète, sur la terre, dans les cieux et aux enfers).

En deuxième ligne viennent les noms de ceux qui ont travaillé à l'établissement ou à la propagation de l'islamisme : Osman, Omar, Ali, etc.

La série suivante comprend les noms qui commencent par *abd* (serviteur) : Abd-Allah (serviteur de Dieu), Abd-el-Kader (serviteur du Puissant), Abd-er-Rahman, Abd-el-Aris, etc.

La quatrième série est celle dont la terminaison est *din* (religion), tels que Meheddin (dirigé par la religion), Kaïr-Eddin (le bien de la religion), etc.

Viennent aussi les noms composés comme Hamed-el-Abd (Mohamed le serviteur de Dieu) et ses diminutifs, Hamed-el-Abidi. — Ceux qui sont purement adjectifs, tels que Hassan (beau), Hakem (puissant), et leurs diminutifs, Hussen, Hikem, Saïd (heureux), Reschid (le justicier), comme Harouun-el-Reschid que nous prononçons Harouun-al-Raschid (Harouun le justicier et non le juste).

Pour reconnaître les individualités dans ce cercle étroit où roulent les noms, les musulmans emploient fréquemment les surnoms ou sobriquets; c'était aussi l'usage en France à l'époque du moyen-âge. Tels sont el-Kébir (le grand), el-Requiq (le maigre), el-Aouwer (le borgne). — Le mot *bou* (père) est employé quelquefois : Bou-Nebouts (le père de la massue); Bou-Chelaram (le père de la moustache); Bou-Kabous (le père du pistolet).

Le père prend aussi le nom de son fils ou de sa fille : Abou-Taleb (le père du Taleb), Abou-Bekre (le père de la vierge) : c'est le nom que prit le beau-père de Mahomet, en lui donnant sa fille, cette épouse chérie du prophète, du nom de Aïezba; et à ce titre, Abou-Bekre fut le premier calife. Les mères (om) en font autant à l'égard de leurs enfants : Om-Kaltoum, Om-Habida (la mère de Kaltoum, la mère d'Habida).

Les noms de femme sont généralement significatifs : Zhara (fleur), Kethira (féconde), Saïda (heureuse), Loulou (perle), Derifa (gracieuse), Djemila (belle), etc.

(*d*) Sous l'ancien gouvernement d'Alger, les forces de la régence et celles de la province d'Oran en particulier comprenaient les troupes soldées, Turcs et *Coulouglis* (fils de turcs et de femmes maures), et la milice des tribus ralliées à la cause turque, appelée *magzen*. On recrutait les turcs sur les côtes des deux Turquies par une sorte de presse. Les hommes, transportés ensuite de Smyrne ou de Constantinople à Alger, quel que fut leur âge, étaient incorporés dans un des *oudjacs* (régiment, bataillon) sous le titre *d'aniiouldach* (jeune soldat).

Ceux-ci touchaient une solde en argent, payée tous les quatre mois. Après trois ans, ils prenaient le titre de vétérans et recevaient une solde supérieure, augmentée de gratifications (saïma), qui, une fois acquises, ne pouvaient plus être retirées pendant tout le temps du service militaire. Les gratifications obligées étaient, 1° celle de l'investiture du nouveau pacha quand, après un an d'exercice, il recevait du sultan le *Caftan* d'honneur;

2° celle qui suivait la naissance d'un enfant au grand seigneur. D'autres saïmas étaient volontaires, par exemple quand le pacha voulait récompenser sa milice ou la craignait. Le chiffre de 33 rials-bondjous (61 f. 38 c.) par an, composait un maximum de solde. Celle-ci était alors complète.

Les Coulouglis pouvaient être inscrits comme soldats. Ils étaient admissibles à tous les emplois de la milice, moins la dignité de pacha et les emplois du grand divan, qui avait pour membres le chef du trésor, l'inspecteur du matériel de la marine et le directeur du domaine rural. Dans les circonstances pressées, le pacha faisait inscrire et marcher de force tout ce qui était en état de porter les armes. On s'habituait à regarder même, en temps de paix, l'inscription sur les contrôles de la milice comme un honneur, qui s'achetait par des présents. Il y aurait eu réellement honte pour quiconque n'était pas *taleb, tolbat* (homme lettré) à éviter de devenir soldat.

Le magzen, outre les Coulouglis, comprenait les tribus qui s'attachaient aux Turcs par d'anciennes liaisons. C'était une milice active, toujours prête à exécuter les ordres du bey. Il n'y avait point d'expédition sans qu'elle y fût représentée par ses *goums* (contingent des tribus). Le magzen, à Oran, comptait trois ou quatre mille cavaliers. Les Turcs, dans cette province, étaient au nombre de 476 fantassins et 100 cavaliers seulement, fournissant 25 séraffis (escouades) distribuées en quatre *noubas* ou garnisons, savoir: Tlemcen, 5 séraffis; Oran, 10; Mascara, 5; Mostaganem, 5.

Les tribus de la province de l'ouest, comme celles des autres districts de la régence, étaient divisées en deux catégories: les unes payaient l'impôt et supportaient toutes les charges; les autres avaient mission de percevoir ces impôts, et entraient en partage avec les dominateurs. Celles-ci constituaient le *magzen;* elles étaient au nombre de 17. En tête marchaient les Douairs, les Smélas, les Garabas, les Bordjias et les Hachems. Les deux premières fournissaient les meilleurs cavaliers du magzen, et à cause de leur établissement aux portes d'Oran, ou dans un rayon peu étendu autour de la place, c'étaient les plus fréquemment employées. Cette milice ne payait que l'impôt religieux *(racat, achour)* prescrit par le koran. Elle devait aussi chaque année, au bey, un léger impôt en argent appelé le prix de l'éperon. Enfin elle était soumise à une légère redevance de paille et de beurre pour l'entretien de la maison du bey.

Les goums ou contingents des tribus étaient distribués entre les agas, le kalifat et les kaïds, suivant la volonté du bey. En principe le magzen avait quatre agas, deux pris chez les Douairs, deux chez les Smélas. Ces officiers exerçaient le commandement par année à tour de rôle, et leur place était recherchée et réputée très-importante. Aussi les agas des Douairs payaient au bey 40 000 rials-boudjous (74 400 fr.) pour revêtir la *gandoura* (espèce de bernous), indiquant cette dignité. Les agas des Smélas, moins relevés, comptaient 20 000 rials-boudjous seulement. Les uns et les autres devaient en outre verser au trésor une pareille somme tous les six mois pour conserver leur position. A leur tour ces agas avaient le droit de nommer les kaïds dans leur propre magzen et en recevaient le prix du bernous.

L'aga des Douairs, le plus puissant de tous, commandait, outre les siens, les Bordjias et les Hachems, ceux-ci subdivisés en six districts. La *yacoubia* ou territoire imposable, affecté à ce fonctionnaire comprenait cinq tribus. Les agas des Smélas avaient pour magzen, outre les Smélas réunissant trois districts, deux autres tribus, et leur *yacoubia*, dite du couchant, embrassait neuf tribus. Plusieurs villes et leur territoire jusqu'à Aïn-Madi, non compris, relevaient de l'aga des Douairs. Celui des Smelas étendait sa juridiction jusqu'à Djeben-el-Amour. Au-delà était le pays des Beni-Mezab, qui a toujours échappé à la domination des Turcs.

Les impôts que payaient au bey, entre les mains des agas, les tribus *rayas*, comprenaient, outre l'impôt en argent (lesma) et les tributs religieux, les subventions en nature dont il est parlé à la note (*b*), y compris aussi des laines, des tapis de couchage, des couvertures pour les chevaux, et des chameaux.

Accoutumés au genre de service qu'exigeait la levée de l'impôt, et aux exactions qui accompagnaient cette opération, les Douairs actuellement à notre solde et organisés en magzen, disent avec une ingénuité très-significative : « Si les Français

» veulent que nous soyons avec eux comme nous étions avec les
» Turcs, qu'ils nous envoient dans la yacoubia. »

A Tlemcen en particulier, deux kaïds, l'un de la ville, l'autre de la montagne, faisaient rentrer l'impôt, ayant pour leur propre magzen les Hadars et les Coulouglis de la cité. Chacun de ces officiers payait au bey 10 000 rials-boudjous (18 000 fr.) pour la *gandoura*. La *lesma* des tribus soumises à leur juridiction était fixée par année à quatre fois cette somme. Les rayas du kaïd de la ville, au nombre de sept, devaient en outre verser chacun douze chevaux communs, quatre chevaux fins, une certaine quantité de belles nattes qui se tressent dans le pays. Les rayas du kaïd de la montagne, qui étaient cinq, n'élevant pas de chevaux, les remplaçaient par un nombre prescrit de haïks, de bernous et autres étoffes renommées de la contrée, que le bey vendait très-cher.

Cette simple note, fournie par la lecture du livre précité *de la Domination turque*, indique l'importance d'un magzen bien organisé, c'est-à-dire d'une milice indigène fortement constituée et toujours prête, combattant à cheval, connaissant bien le pays, intéressée à maintenir l'autorité des dominateurs; soit comme avec les Turcs, au moyen d'une part dans les prises sur les tribus hostiles ; soit, ce qui est plus sûr et plus moral, comme on l'a établi depuis 1837, à Oran, par une solde et des prestations en nature, en échange d'un service actif fait dans de certaines conditions.

Le magzen principal, à Oran, composé des Douairs et Smélas, nos alliés fidèles et réellement inébranlables depuis sept ans, obéit au général Mustapha-Ben-Ismaël, ancien aga des Douairs, sous Hassan-Bey. Les Garabas, soumis aujourd'hui, y sont réunis depuis peu de temps. Les Hachems, tribu puissante, belliqueuse, long-temps intraitable, mis à la raison ainsi que les Bordjias par le général Lamoricière, marchent avec nous. Leur inscription sur les contrôles du magzen, comme anciennement, ne peut tarder. Les Kaïds de Mostaganem et de Mascara ont, sous cette même dénomination, une milice de Turcs, de Coulouglis ou d'Arabes réunis sous les ordres de MM. Valsin-Esterhazy et Bosquet, officiers d'artillerie. La formation d'un Magzen à Tlemcen n'était qu'un projet ; mais les événements marchant toujours, peut-être l'organisation est-elle faite. Ainsi voilà le système turc, modifié comme il convient, appliqué aux mêmes lieux, aux mêmes hommes et dans des circonstances à peu près semblables. Pourquoi les résultats ne seraient-ils pas efficaces : c'est-à-dire, influence, force, sûreté à Alger; et pour la métropole, puissance et économie précieuse d'hommes et d'argent.

(*e*) Les personnages du nom de *Dercaoui* sont ainsi désignés de la ville de Derca (Fez), où Sidi-Ali, marabout célèbre, fut le fondateur de la secte des *Dercaoua*. Celle-ci rejette toute autorité temporelle indifférente à la propagation et à la glorification de l'islamisme. Ainsi les *Dercaoua* sont hostiles à toute puissance qui ne sort pas de leur sein. Réputés rebelles à l'autorité turque, ces fanatiques ont reçu pour ce motif la dénomination de *Dercaoui* (révolté). Les Dercaoua marchent couverts de haillons; ils portent un énorme chapelet et un bâton à la main, et affectent de parler d'une manière particulière, en faisant sentir fortement les lettres gutturales. Les Hachems-Greris, les plus anciens et les plus puissants amis de l'émir et ses compatriotes, dont la soumission encore équivoque peut-être, vient d'occuper naguère le général Lamoricière, comptent un grand nombre de Dercaoua. Ils formaient même une espèce de ligue occulte contre la puissance d'Ab-el-Kader, sans pour cela nous voir auprès d'eux avec plus de faveur. Leur chef, dans la province d'Oran, est son propre parent du nom de Abou-Tateb. Sidi-Meheddin, père de l'émir, n'était pas lui-même sans doute étranger à cette secte. L'importance que le bey Hassan attachait à retenir ce marabout sous sa main, à Oran, et le supplice qu'il lui réservait, indiquaient que Meheddin, à ses yeux, était un rebelle, un dercaoui, à punir ou tout au moins à surveiller.

(*f*) Le chiqr religieux jouit de l'estime générale, et conserve une grande réputation de piété. Ce personnage est ordinairement marabout et son titre est héréditaire. Chaque chiqr a son dzekeur (prière), et le lieu qu'il habite (guetna) a droit d'asile. Le fidèle paie au chiqr une rétribution volontaire, variant de nature : c'est le *dzekeur* (la prière), la *dziara* (la visite), la gandouza (*l'aumône*); et l'on dit : « Je vais payer le dzekeur, la dziara, la gandouza au chiqr. D'autres chiqrs, dits politiques, étaient institués dans certaines villes par les kaïds.

(*g*) Ce trait horrible de justice expéditive, l'auteur de ce récit le tient de la propre bouche du smela Ismael. Celui-ci le raconte avec un empressement naïf, et comme le simple accomplissement du devoir le plus vulgaire. Ce même Ismael-Ben-Sadi, neveu du général Mustapha, long-temps notre irréconciliable ennemi et dont la tête était mise à prix sous le général Boyer, est aujourd'hui l'un des Musulmans les plus attachés aux Français, sans en excepter le général, son oncle. Il est sous-lieutenant indigène aux Saphis d'Oran, et décoré de la légion d'honneur. En apparence bon homme et de formes très-polies et même cérémonieuses, éminemment brave d'ailleurs, chez lui le naturel turc perce toujours; et encore aujourd'hui, malheur à celui, ami ou ennemi, qui serait livré à la discrétion d'un homme aussi esclave de sa consigne et des ordres du maître.

La charge de chaouch, quoique embrassant l'exécution des hautes-œuvres sous les Turcs, loin de passer pour vile, était recherchée; on la conférait même à des hommes de naissance, surtout à des gens sûrs et dévoués. Le personnage qui en était revêtu était souvent influent, toujours redouté. Tristan l'ermite, ce chaouch de Louis XI, pouvait être craint et détesté; mais il n'est écrit nulle part qu'il fut l'objet du mépris public, et surtout qu'on osât le lui manifester.

(*h*) Au milieu des versions contradictoires sur les vrais motifs qui ont déterminé l'expédition contre Alger, malgré les embarras politiques de l'intérieur, en France, au début de 1830; après les projets d'abandon partiel de l'Algérie, prêtés au gouvernement d'alors par l'auteur des *Annales*, assertion qui n'a pas été jusqu'à ce jour publiquement contredite; enfin à cause du silence même sur ces faits, imposé depuis, par sa position, au gouvernement déchu ou à ses organes, je ne puis omettre le document qui suit. Celui qui le fournit mérite toute croyance, et le tient d'une autorité dont l'exactitude ne peut être récusée. Malgré ces conditions, ce document est-il bien vraisemblable? Le lecteur en décidera. Voici ce document : je n'y change rien :

« Charles X voulait déclarer Alger un port franc, sous la
» protection de la France, rétablir l'ordre de Malte (sans exiger
» les anciennes preuves de noblesse), et conférer à cette asso-
» ciation religieuse et militaire le soin de garder et d'étendre
» notre glorieuse conquête. Quarante mille français devaient se-
» conder les efforts des chevaliers de Saint-Jean-de-Jérusalem
» régénérés. Ce projet se rattachait à celui de placer le duc de
» Chartres sur le trône de la Grèce, à laquelle on eût adjoint
» les îles Ioniennes. C'était la guerre avec l'Angleterre. Mais
» alors la Russie, l'Autriche, la Prusse, la confédération ger-
» manique, l'Espagne, même le Portugal, étaient nos alliés.
» Notre rivale ne pouvait compter que sur la Hollande et la
» Belgique. Les Turcs eussent été refoulés en Asie, et en com-
» pensation de leurs dépouilles, on nous donnait le Rhin pour
» limites. »

(i) Le jugement porté sur le chef arabe qui depuis onze ans soutient une lutte acharnée contre nous, sera-t-il partagé par tous les lecteurs? on n'ose l'espérer. Ami ou ennemi, l'homme qui, par un art quelconque, sort de la ligne commune, et suit une carrière aventureuse avec éclat, difficulté ou péril, cet homme captive l'attention, intéresse, séduit même quelquefois. On recherche dans les événements qui le touchent, un aliment à la curiosité, et toujours une occasion de critique ou de discussion. Chacun porte alors sur les faits un jugement selon ses préjugés, ses passions, son intérêt, quelquefois sa simple préoccupation.

Ainsi, dans un ouvrage grave et piquant à la fois, l'un des plus instructifs, sans nul doute, parmi les livres publiés depuis treize ans, sur la possession d'Alger, un écrivain militaire s'étend avec complaisance sur les hautes qualités d'Abd-el-Kader. Il va jusqu'à louer la séduction de son esprit et de ses manières, et le représente employant ces qualités à capter la bienveillance des officiers d'état-major que le gouverneur d'alors lui avait envoyés à diverses reprises, en 1835. Suivant l'auteur, on ne parla plus à Alger, qu'avec admiration, des grandes qualités du chef arabe, dont le génie embrassait les arts, l'industrie, le commerce et presque la civilisation *.

A des époques plus récentes, Abd-el-Kader a trouvé aussi des apologistes et presque des flatteurs. Il y a peu de jours, que dans une correspondance publiée dans une feuille de province **, un prêtre respectable raconte avec une candeur touchante, et certes en excitant un vif intérêt, les circonstances d'un voyage entrepris dans le but de racheter des prisonniers. Ce voyage fut fait par terre, partant d'Alger, non sans un danger réel et de grandes fatigues, vers un point éloigné de la province d'Oran, où se trouvait alors le camp de l'émir. Le digne ecclésiastique a eu plusieurs entretiens familiers avec le *sultan*, et en est dans le ravissement. Il fait d'abord un portrait physique du chef arabe, que je crois un peu flatté. Ensuite le pieux envoyé explore scrupuleusement les qualités de l'âme du *sultan*, et ajoute avec candeur (lettre II) : « Si je ne me trompe, l'amitié, avec ses » doux épanchements, doit être un besoin pour son cœur. »

Un dialogue où le nom de Sidi-Aïssa (Jésus-Christ) est prononcé, n'est pas le moins intéressant. Le lendemain, dans un nouvel entretien, mais cette fois avec le secrétaire du *sultan*, d'autres questions furent adressées au bon envoyé de M. l'évêque d'Alger, sur Jésus-Christ et sur la Vierge Marie. Malheureusement, le premier jour, l'interprète s'excusa comme trop peu versé dans les matières traitées entre l'ecclésiastique et Abd-el-Kader, pour se faire comprendre en les traduisant ; ce qui termina brusquement ce précieux entretien. Ainsi, ajoute l'auteur de la correspondance, Abd-el-Kader avoua avoir dans le cœur beaucoup de choses qu'il avait à dire, et qu'il aurait désiré communiquer sans interprète. La perte de la suite de ces entretiens, on le voit, donne beaucoup à regretter. Peut-être M. le grand-vicaire d'Alger avait-il la même foi à sa mission, que le saint roi

---

* Annales algériennes, par E. Pellissier, tom. 2, liv. XVI, p. 526-261.

** La France Méridionale ; lettres de M. Suchet, vicaire général d'Alger, à M. Sumatan. Ces lettres sont au nombre de quatre. La première porte la date du 10 septembre 1841.

Louis IX lorsque celui-ci entreprit sa seconde croisade (la huitième dans l'ordre des dates), espérant, dit-on, convertir le roi de Tunis. Notre bon ecclésiastique rêvait-il pieusement ce résultat inespéré?... Ah! qu'Abd-el-Kader est adroit; comme il sait assouplir son langage quand il le faut, et se montrer, au gré des circonstances, communicatif, insinuant et doucereux.

Voici qui est plus concluant. A l'occasion des présents envoyés à l'émir par M. l'évêque d'Alger, comme une sorte de rançon pour nos prisonniers, Abd-el-Kader répond : « Je les accepte » (les cadeaux) parce que c'est ton évêque qui me les offre; » je ne les aurais pas reçus d'un autre. » On devine quel est cet autre. Certes celui-ci (le général Bugeaud) avait trouvé son rival bien plus traitable, quand, à l'issue de la convention conclue sur la Tafna, tous les objets arrivés de France, en cadeaux, furent parfaitement accueillis. Une partie passa, il est vrai, au même titre, et presque de suite, entre les mains de l'empereur de Maroc, Abd-er-Rahman; et sa reconnaissance dure encore : les secours d'hommes et de munitions qu'il ne cesse de fournir à notre ennemi, sont là pour l'attester.

Au demeurant, nous avons avancé qu'Abd-el-Kader s'est montré rusé, hypocrite, froidement cruel; qu'il s'est joué de la foi des serments, de la reconnaissance et des bienfaits reçus; voici nos preuves.

Un traité est conclu entre le général Desmichels et le chef arabe, le 26 février 1834. Les conditions apparentes sont incomplètes mais peuvent s'avouer. Les conditions non livrées à la publicité sont interprétées par l'émir tellement à son avantage, et ses prétentions deviennent à tel point intolérables, que le traité, ainsi fait, ne peut raisonnablement passer pour avoir reçu la signature d'un général français; il a fallu le briser avec éclat. Même système, même ruse dans la convention de la Tafna, le 30 mai 1837. Cette fois, pour se ménager l'occasion de n'exécuter que ce qui lui conviendrait, Abd-el-Kader soumettait les conditions à toutes les subtilités qui devaient résulter d'une langue pauvre et mal comprise.

Est-ce autre chose que de l'hypocrisie la mieux définie, que le sens de l'article 4 du traité du 26 février 1834, disant : « On

» ne pourra empêcher un musulman de retourner chez lui quand » il le voudra, » dénaturé au point d'y voir, pour les Douairs et les Smélas qui occupaient les environs d'Oran sous notre patronnage, l'obligation absolue de s'éloigner, sans remise aucune, de cette place, et d'aller s'établir au pied des montagnes, c'est-à-dire dans le propre camp de l'ennemi. L'émir, visiblement, ne veut-il pas s'assurer une proie facile et les moyens d'assouvir sa vengeance contre des tribus qui voulaient décidément abandonner sa cause pour embrasser la nôtre.

Peut-on appeler autrement que froide cruauté, tranchons le mot, atrocité abominable, ces ordres d'égorger les 300 français blessés et chargés sur des voitures, à la désastreuse journée de la Macta ; ces mêmes consignes impitoyables contre les détachements français pris en vue du blochaus Mered, sur l'Oued-Lalleg, et en avant de Coleah. L'ami, le confident de ses pensées intimes, l'auteur principal de sa fortune politique, Ben-Drand (Ben-Durand), qu'en a fait Abd-el-Kader ? il l'a fait périr par le poison, quand il a supposé que cet homme, qui avait contribué à faire tant de mal aux Français, voulait, cette fois, ménager un rapprochement entre les deux partis.

Les serments prêtés pour le traité du général Desmichels, ces mêmes serments accompagnés encore de plus d'éclat et de protestations lors de la convention de la Tafna, l'émir les a méconnus ou violés. Les conditions de ce dernier traité, il en a constamment lacéré les clauses, décliné ou méconnu les obligations, bien avant même que l'expédition des Bibans ne lui eût donné le droit spécieux de rompre et de recommencer les hostilités. Par cette affectation de ne rien tenir des promesses faites, il avait réellement lassé, usé notre longanimité.

Quelle reconnaissance a-t-il montrée lors du retour des cent trente prisonniers faits à la Sickak, rendus sans rançon, bien vêtus et à demi-civilisés ? peut-il opposer le renvoi des quatre-vingt-quatre malheureux français de toute condition et de tout sexe, à vêtements en lambeaux, à figure have, à intelligence abrutie par les privations et les mauvais traitements, en quelque sorte expulsés de son camp et jetés mourants aux avant-postes français. Voyez cet officier du corps royal d'état-major, naguère brillant, portant un nom distingué, conserver à peine assez de mémoire et de facultés intellectuelles pour annoncer l'arrivée de ses malheureux compagnons d'infortune; un rapport officiel va faire connaître partout son affaissement physique et moral. Quelles sont les paroles qui accompagnent ce renvoi de nos malheureux compatriotes? c'est qu'à l'avenir les prisonniers, faute de pouvoir les nourrir, seront égorgés. L'un d'eux a eu la vie sauve, mais les arabes lui ont crevé les yeux; et l'on est saisi d'horreur au récit d'une pauvre mère exposant les abominables excès dont sa fille âgée de treize à quatorze ans, et, comme elle, prisonnière des arabes, avait été la victime; excès qui se terminent par la mort.

Ainsi que les optimistes, les enthousiastes, ou ceux qui, par opposition à l'armée française, aspirent à faire prévaloir d'autres idées, modèrent leur sentiment d'admiration, et leur langage pompeusement élogieux sur Abd-el-Kader. Certes personne, en suivant de près ses actes depuis onze ans, ne lui refusera l'activité, l'à-propos, la persévérance et les ressources dans l'esprit, qui constituent l'homme de génie; mais, chez lui, l'ambition et le fanatisme dominent tout. Couvrant ses projets d'envahissement du masque de la religion, il impose encore son joug à quelques tribus, qui même ne veulent plus de lui; et quiconque n'est pas croyant ou politique à sa manière doit disparaître ou succomber. Dans ce but, qui n'est que la soif du pouvoir déguisée, tous les moyens sont pour lui justes et légaux. Ainsi nous ne changeons rien à notre premier langage, et notre opinion sur le fils de Mcheddin reste entière.

www.ingramcontent.com/pod-product-compliance
Lightning Source LLC
LaVergne TN
LVHW051513090426
835512LV00010B/2508